Impressum
Verlag: BABADADA GmbH, Nedderfeld 112 , 22529 Hamburg
Geschäftsführer / Verlagsleitung: Harald Hof
Druck: Books on Demand GmbH, In de Tarpen 42, 22848 Norderstedt

Imprint
Publisher: BABADADA GmbH, Nedderfeld 112 , 22529 Hamburg, Germany
Managing Director / Publishing direction: Harald Hof
Print: Books on Demand GmbH, In de Tarpen 42, 22848 Norderstedt, Germany

# 学校

## בית ספר

教室
כיתה
除
חילק
186/2
黑板
לוח
老师
מורה
纸
נייר
书写
כתב
钢笔
עט
办公桌
שולחן עבודה
直尺
סרגל
书
ספר
学生
תלמיד

书包
ילקוט

铅笔盒
קלמר

铅笔
עיפרון

卷笔刀
מחדד

橡皮擦
גומי מחיקה

画板
חוברת סרטוט

图画

סרטוט

画笔

מברשת

颜料盒

קופסת צבעים

剪刀

מספריים

胶水

דבק

练习册

ספר תרגול

家庭作业

שיעור בית

数字

מספר

加

חיבר

减

חיסר

乘

הכפיל

计算

חישב

字母

אות

字母表

אלפבית

字

מילה

课文

טקסט

读

קרא

粉笔

גיר

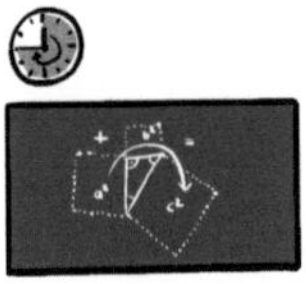

上课

שיעור

登记

יומן נוכחות

考试

מבחן

证书

תעודה

校服

תלבושת בית ספר

教育

חינוך

百科全书

אנציקלופדיה

大学

אוניברסיטה

显微镜

מיקרוסקופ

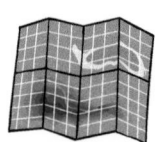

地图

מפה

废纸筐

סל נייר

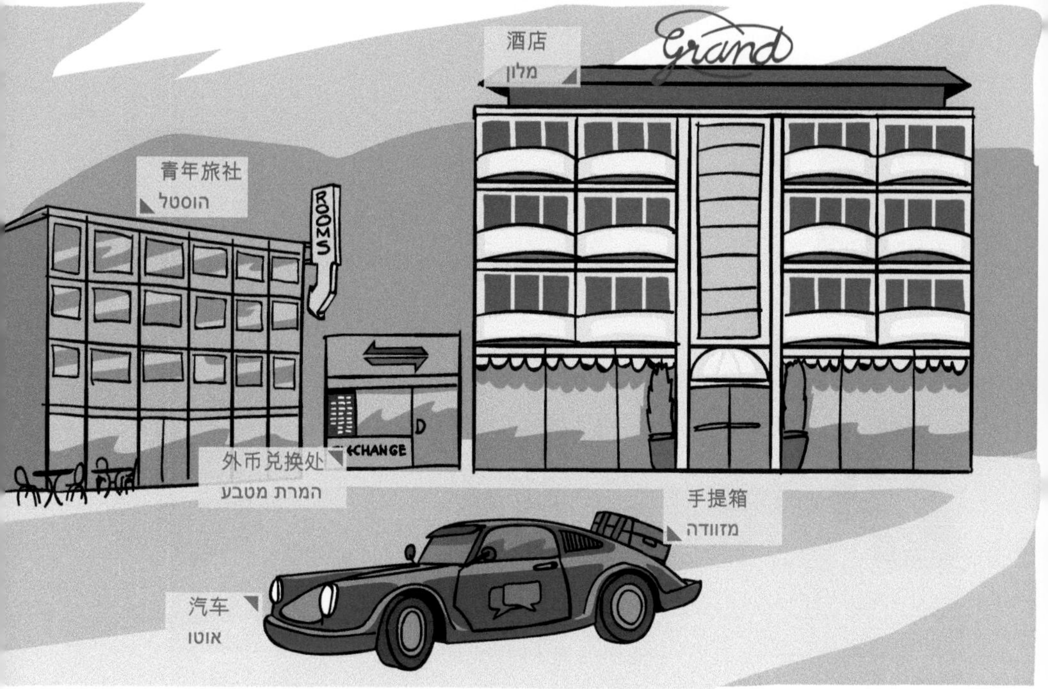

酒店
מלון
Grand
青年旅社
הוסטל
ROOMS
外币兑换处
המרת מטבע
手提箱
מזוודה
汽车
אוטו

语言

שפה

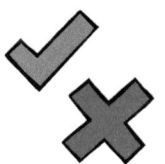

是/否

כן / לא

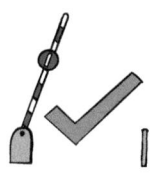

好的

בסדר

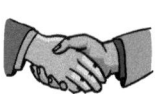

您好

שלום

翻译员

מתרגם

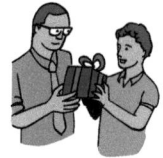

谢谢

תודה

……多少钱？

כמה עולה.....?

我不明白

אני לא מבין

问题

בעיה

晚上好！

ערב טוב!

早上好！

בוקר טוב!

晚安！

לילה טוב!

再见

להתראות

方向

כיוון

行李

כבודה

包

תיק

双肩包

תרמיל גב

客人

אורח

房间

חדר

睡袋

שק שינה

帐篷

אוהל

旅游信息

מרכז מידע לתיירים

海滩

חוף ים

信用卡

כרטיס אשראי

早餐

ארוחת בוקר

午餐

ארוחת צהריים

晚餐

ארוחת ערב

票

כרטיס

电梯

מעלית

邮票

בול

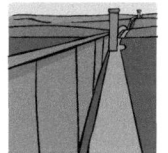

边界

גבול

海关

מכס

大使馆

שגרירות

签证

אשרה

护照

דרכון

# 交通运输
## תחבורה

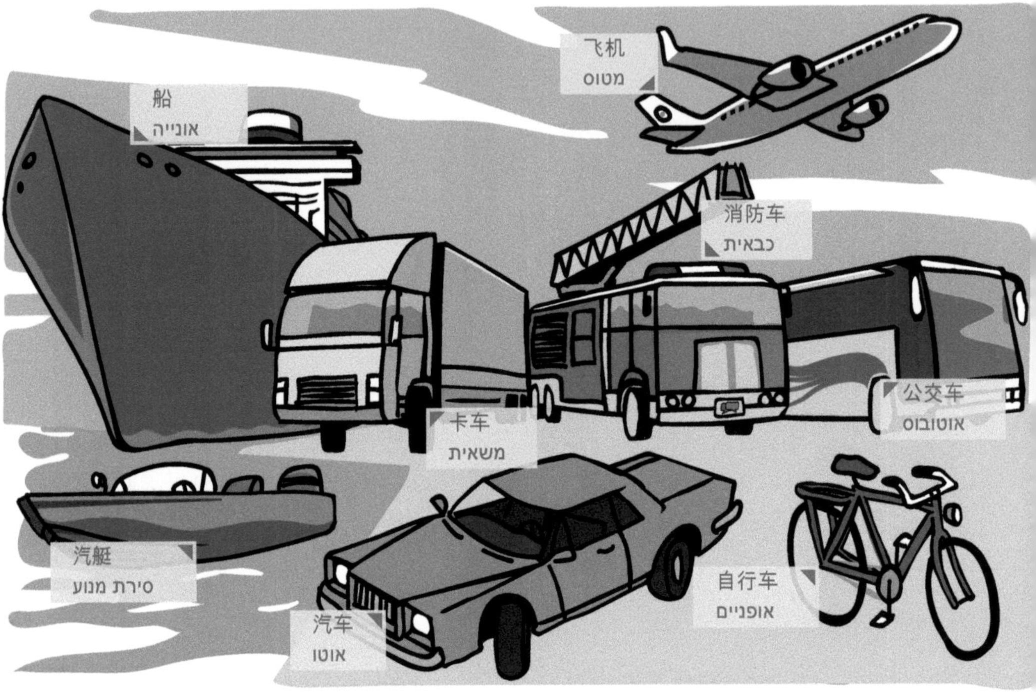
飞机
מטוס
船
אונייה
消防车
כבאית
卡车
משאית
公交车
אוטובוס
汽艇
סירת מנוע
自行车
אופניים
汽车
אוטו

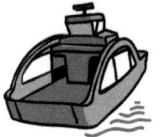

摆渡船

מעבורת

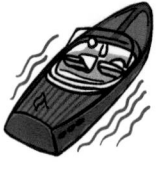

小船

סירה

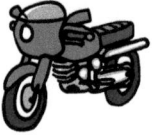

摩托车

אופנוע

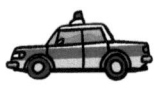

警车

ניידת משטרה

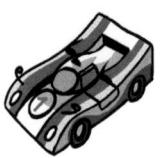

赛车

מכונית מרוץ

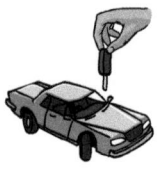

租车

רכב שכור

拼车

מכוניות בשיתוף

拖车

אוטו גרר

垃圾车

משאית זבל

发动机

מנוע

汽油

דלק

加油站

תחנת דלק

交通标志

תמרור

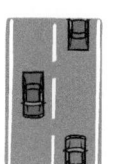

交通

תנועה

交通堵塞

פקק תנועה

停车场

חניה

火车站

תחנת רכבת

轨道

פסי רכבת

火车

רכבת

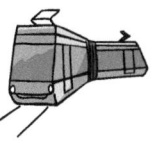

电车

רכבת קלה

货车

קרון

交通运输 - תחבורה

直升机

מסוק

机场

שדה-תעופה

塔

מגדל

乘客

נוסע

集装箱

קונטיינר

纸板箱

קרטון

手推车

עגלה

篮子

סל

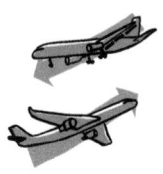

起飞/降落

המראה / נחיתה

# 城市

## עיר

村庄

כפר

市中心

מרכז העיר

房子

בית

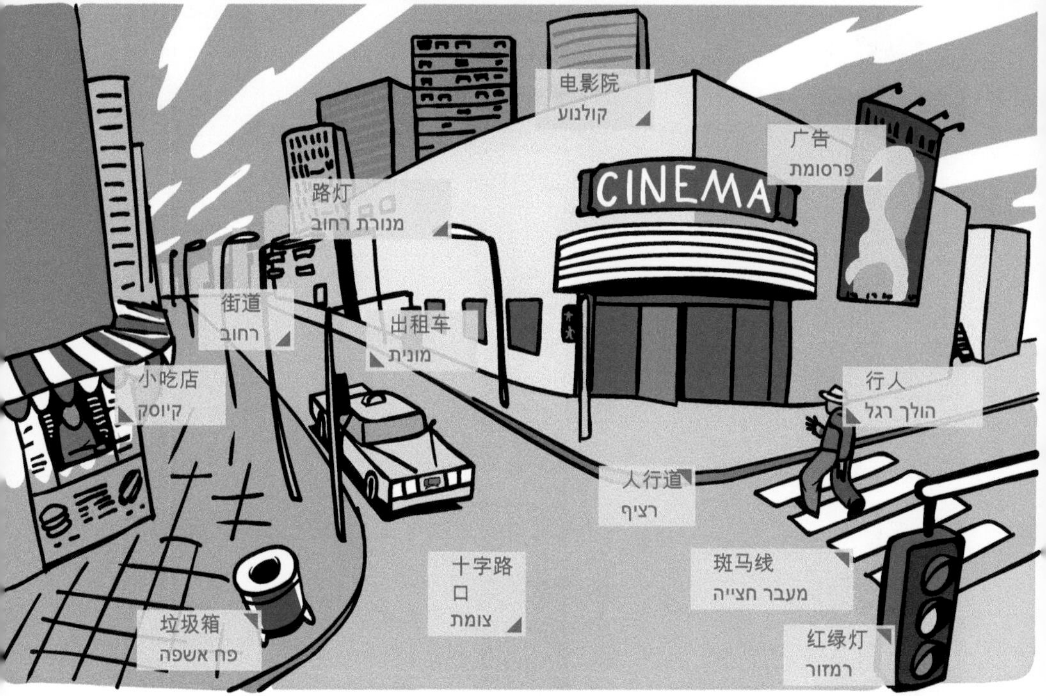

电影院
קולנוע
广告
פרסומת
CINEMA
路灯
מנורת רחוב
街道
רחוב
出租车
מונית
小吃店
קיוסק
行人
הולך רגל
人行道
רציף
十字路口
צומת
斑马线
מעבר חצייה
垃圾箱
פח אשפה
红绿灯
רמזור

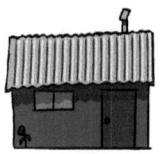

小屋

בקתה

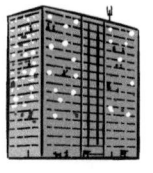

公寓

דירה

火车站

תחנת רכבת

市政厅

עירייה

MUSEUM
博物馆

מוזיאון

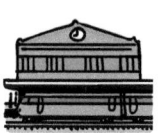

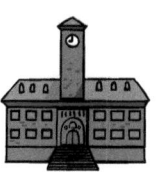

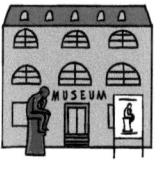

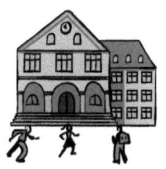

学校

בית ספר

大学

אוניברסיטה

银行

בנק

医院

בית חולים

酒店

מלון

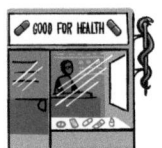

药房

בית מרקחת

办公室

משרד

书店

חנות ספרים

商店

חנות

花店

חנות פרחים

超市

סופרמרקט

市场

שוק

百货商店

כל-בו

鱼店

מוכר דגים

购物中心

קניון

海港

נמל

公园

פארק

长凳

ספסל

桥

גשר

楼梯

מדרגות

地铁

רכבת תחתית

隧道

מנהרה

公交车站

תחנת אוטובוס

酒吧

בר

餐馆

מסעדה

邮筒

תא דואר

路标

שלט רחוב

停车计时器

מדחן

动物园

גן חיות

游泳馆

בריכת שחיה

清真寺

מסגד

农场

חווה

污染

זיהום

墓地

בית עלמין

教堂

כנסייה

操场

מגרש משחקים

寺庙

בית מקדש

## 地形

## נוף

树叶
עלה

指示牌
תמרור

路
דרך

草地
מרעה

石头
אבן

徒步旅行者
מטייל

树
עץ

河
נהר

草
דשא

花
פרח

峡谷

בקעה

山

הר

湖

אגם

森林

יער

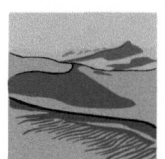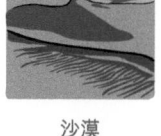

沙漠

מדבר

火山

הר געש

城堡

טירה

彩虹

קשת בענן

蘑菇

פטריה

棕榈树

דקל

蚊子

יתוש

苍蝇

זבוב

蚂蚁

נמלה

蜜蜂

דבורה

蜘蛛

עכביש

甲虫

חיפושית

青蛙

צפרדע

松鼠

סנאי

刺猬

קיפוד

野兔

ארנב

猫头鹰

ינשוף

鸟

ציפור

天鹅

ברבור

野猪

חזיר בר

鹿

צבי

麋鹿

אייל הקורא

水坝

סכר

风力发电机

טורבינת רוח

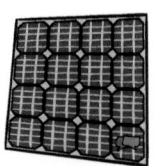

太阳能电池板

פנל סולארי

气候

אקלים

# 餐馆

## מסעדה

服务员
מלצר
菜单
תפריט
椅子
כסא
汤
מרק
披萨饼
פיצה
סכו"ם
桌布
מפת שולחן

前菜

מנת פתיחה

主菜

מנה עיקרית

甜点

קינוח

饮料

שתיות

食物

אוכל

瓶子

בקבוק

快餐

מזון מהיר

街边小吃

אוכל רחוב

茶壶

קנקן תה

糖盒

מסכרת

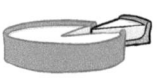

一份饭菜

מנה

意式咖啡机

מכונת אספרסו

高脚椅

כסא תינוק

账单

חשבון

托盘

מגש

刀

סכין

餐叉

מזלג

勺子

כף

茶匙

כפית

餐巾

מפית

玻璃杯

כוס

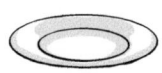

碟子

צלחת

汤盘

קערת מרק

碟子

תחתית

酱

רוטב

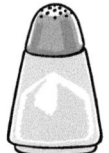

盐瓶

מלחייה

胡椒磨

מטחנת פלפל

醋

חומץ

食用油

שמן

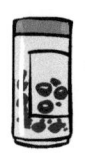

调味料

תבלינים

番茄酱

קטשופ

芥末

חרדל

蛋黄酱

מיונז

# 超市

## סופרמרקט

特价
מבצע
顾客
לקוח
乳制品
מוצרי חלב
水果
פירות
购物车
עגלת קניות

肉铺

אטליז

面包房

מאפייה

称重

שקל

蔬菜

ירקות

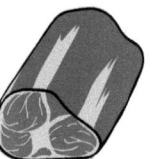

肉

בשר

冷冻食品

מזון קפוא

冷盘

בשר קר

罐头食品

שימורים

洗衣粉

אבקת כביסה

甜食

ממתקים

日用品

מוצרי בית

清洁用品

חומר ניקוי

销售員

מוכרת

收银机

קופה

收银员

קופאי

购物清单

רשימת קניות

开放时间

שעות פתיחה

钱包

ארנק

信用卡

כרטיס אשראי

袋子

תיק

塑料袋

שקית ניילון

# 饮料

# שתיות

水

מים

果汁

מיץ

牛奶

חלב

可乐

קולה

红酒

יין

啤酒

בירה

酒

אלכוהול

可可

קקאו

茶

תה

咖啡

קפה

意式浓缩咖啡

אספרסו

卡布奇诺

קפוצ'ינו

# 食物
## אוכל

香蕉

בננה

苹果

תפוח

橙子

תפוז

西瓜

אבטיח

柠檬

לימון

胡萝卜

גזר

大蒜

שום

竹子

במבוק

洋葱

בצל

蘑菇

פטריות

坚果

אגוזים

面条

אטריות

意大利面条

ספגטי

米饭

אורז

沙拉

סלט

薯条

צ'יפס

炸土豆

צ'יפס

披萨饼

פיצה

汉堡包

המבורגר

三明治

כריך

炸猪排

שניצל

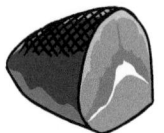

火腿

שינקין

萨拉米

סלאמי

香肠

נקניקיה

鸡肉

עוף

烤肉

טיגון

鱼

דג

燕麦片

שיבולת שועל

穆兹利

מוזלי

玉米片

קורנפלקס

面粉

קמח

羊角面包

קרואסון

面包卷

לחמנייה

面包

לחם

烤面包

טוסט

饼干

עוגיות

黄油

חמאה

凝乳

גבינה לבנה

蛋糕

עוגה

蛋

ביצה

煎蛋

ביצת עין

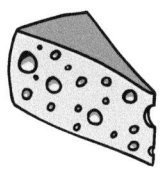

奶酪

גבינה

食物 - אוכל　　25

冰激凌

גלידה

糖

סוכר

蜂蜜

דבש

果酱

ריבה

巧克力酱

ממרח נוגט

咖喱饭

קארי

# 农场

## חווה

粮仓
אסם
稻草捆
חבילת שחת
田野
שדה
马
סוס
拖车
עגלת נגרר
拖拉机
טרקטור
马驹
סייח
驴
חמור
羊
כבש
羔羊
טלה

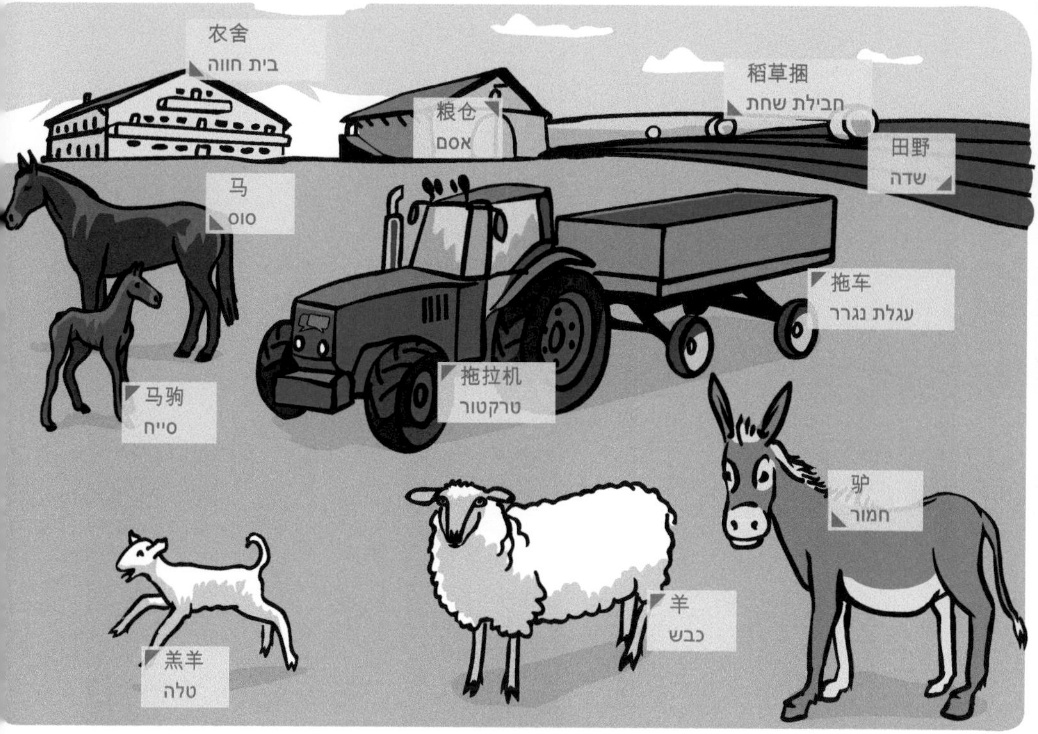

山羊

עז

奶牛

פרה

牛犊

עגל

猪

חזיר

小猪

חזרזיר

公牛

שור

鹅

אווז

鸭

ברווז

小鸡

אפרוח

母鸡

תרנגולת

公鸡

תרנגול

鼠

חולדה

猫

חתול

老鼠

עכבר

牛

שור

狗

כלב

狗屋

מלונה

花园浇水软管

צינור השקיה

洒水壶

קנקן מים

长柄大镰刀

חרמש

犁

מחרשה

镰刀

מגל

锄头

מגרפה

长柄草耙

קלשון

斧头

גרזן

独轮手推车

מריצה

饲料槽

שוקת

牛奶罐

כד חלב

麻布袋

שק

栅栏

גדר

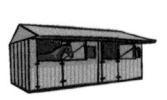

马厩

אורווה

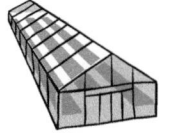

温室

חממה

土壤

אדמה

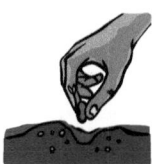

种子

זרע

肥料

דשן

联合收割机

מקצרה

收割

קצר

收割

קציר

山药

בטטה אפריקנית

小麦

חיטה

大豆

סויה

土豆

תפוח אדמה

玉米

תירס

油菜籽

קנולה

果树

עץ פירות

树薯

קסבה

谷物

דגנים

# 房子

## בית

烟囱
ארובה
屋顶
גג
落水管
מרזב
窗户
חלון
车库
מוסך
门铃
פעמון
门
דלת
垃圾桶
פח אשפה
信箱
תיבת מכתבים
花园
גינה

客厅

סלון

浴室

חדר אמבטיה

厨房

מטבח

卧室

חדר שינה

儿童房

חדר ילדים

餐厅

חדר אוכל

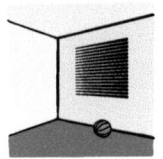

地板

רצפה

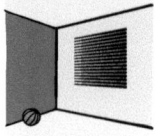

墙壁

קיר

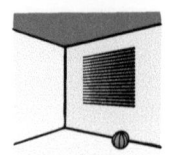

吊顶

תקרה

地窖

מרתף

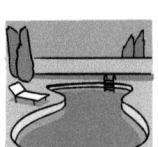

桑拿

סאונה

阳台

מרפסת

露台

מרפסת

游泳池

בריכה

割草机

מכסחת דשא

被单

סדין

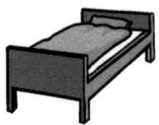

床罩

כיסוי מיטה

床

מיטה

扫帚

מטאטא

水桶

דלי

开关

מפסק

# 客厅
## סלון

壁纸
טפט
照片
תמונה
台灯
מנורה
搁架
מדף
橱柜
ארון
电视机
טלוויזיה
壁炉
אח
花
פרח
垫子
כרית
沙发
ספה
花瓶
אגרטל
遥控器
שלט רחוק

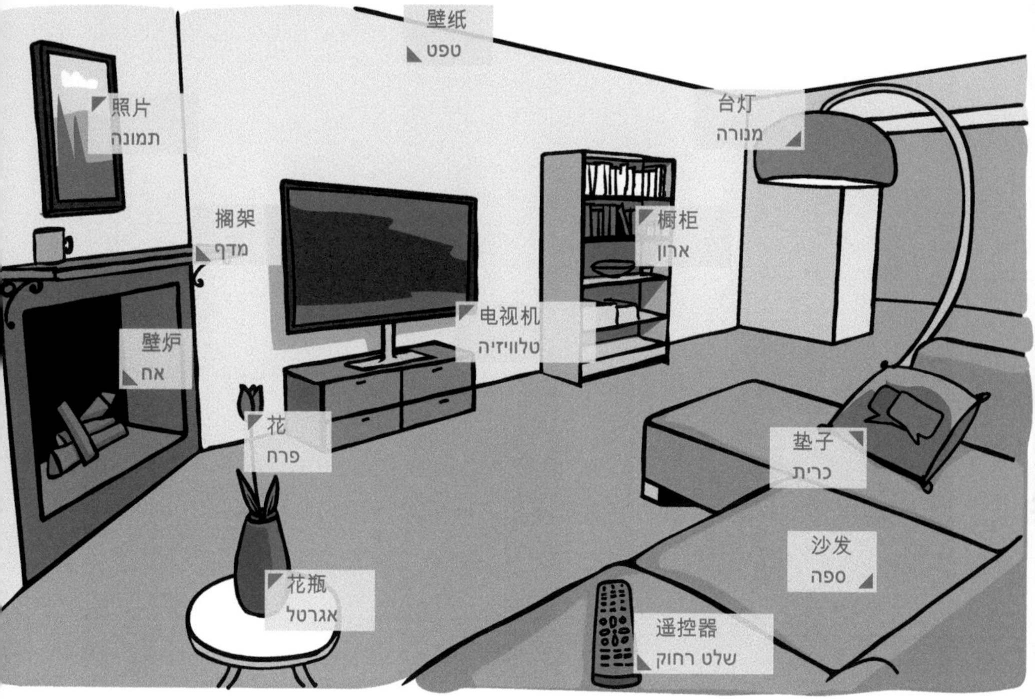

地毯
שטיח

窗帘
וילון

餐桌
שולחן

椅子
כסא

摇椅
כיסא נדנדה

扶手椅
כורסה

书

ספר

毯子

שמיכה

装饰品

דקורציה

木柴

עצי הסקה

电影

סרט

高保真音响

מערכת סטריאו

钥匙

מפתח

报纸

עיתון

油画

ציור

海报

פוסטר

收音机

רדיו

笔记本

מחברת

吸尘器

שואב אבק

仙人掌

קקטוס

蜡烛

נר

# 厨房

## מטבח

冰箱
מקרר
微波炉
מיקרוגל
烤面包机
טוסטר
洗洁精
חומר ניקוי
烤箱
תנור
冰柜
מקפיא
垃圾桶
פח אשפה
洗碗机
מדיח כלים

炊具

תנור

锅

סיר

铸铁锅

סיר ברזל

炒锅

ווק

平底锅

מחבת

水壶

קומקום חשמלי

蒸锅

מאדה

烤盘

מגש אפייה

陶瓷锅

כלי אוכל

马克杯

ספל

碗

קערה

筷子

צ'ופסטיקס

长柄勺

מצקת

铲子

מרית

搅拌器

מטרפה

滤网

מסננת בישול

筛子

מסננת

磨碎机

מגרדת

研钵

מכתש

烧烤

גריל

明火

מדורה

菜板

קרש חיתוך

擀面杖

מערוך

开瓶器

פותחן פקקים

罐子

פחית

开罐器

פותחן קופסאות

隔热手套

מטלית

水槽

כיור

刷子

מברשת

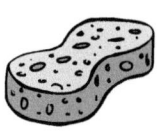

海绵

ספוג

搅拌机

בלנדר

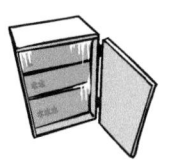

冷藏箱

מקפיא

奶瓶

בקבוק לתינוק

水龙头

ברז

# 浴室

## חדר אמבטיה

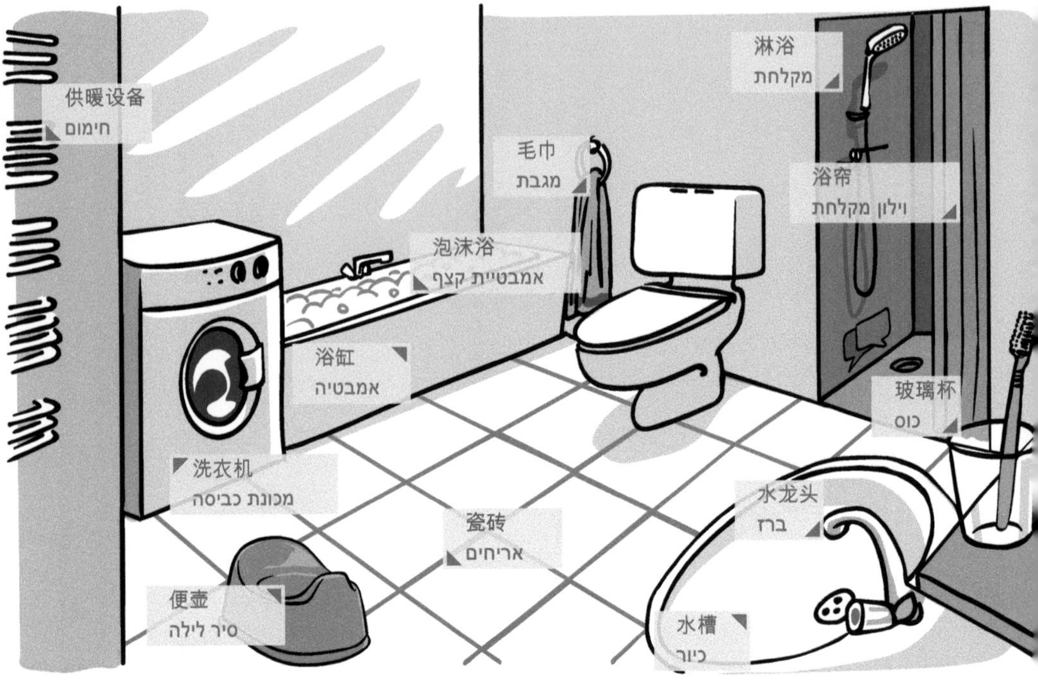

淋浴
מקלחת
供暖设备
חימום
毛巾
מגבת
浴帘
וילון מקלחת
泡沫浴
אמבטיית קצף
浴缸
אמבטיה
玻璃杯
כוס
洗衣机
מכונת כביסה
水龙头
ברז
瓷砖
אריחים
便壶
סיר לילה
水槽
כיור


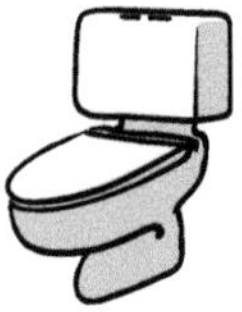

厕所

אסלה

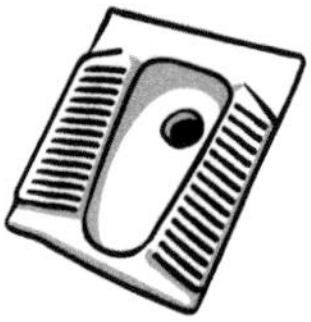

蹲便器

אסלת כריעה

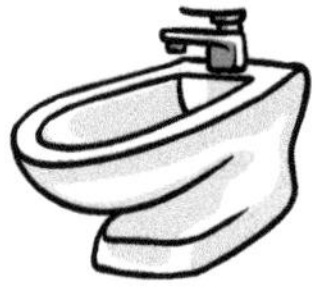

坐浴器

בידה

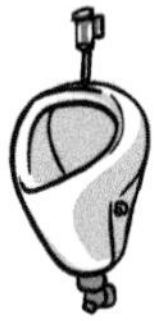

小便池

משתנה

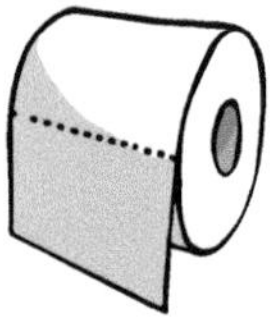

厕纸

נייר טואלט

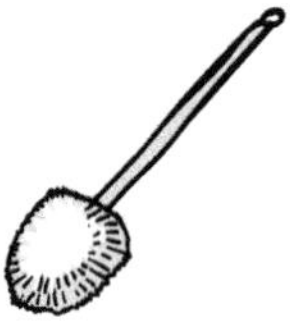

马桶刷

מברשת אסלה

牙刷

מברשת שיניים

牙膏

משחת שיניים

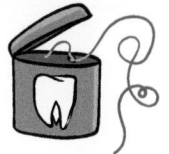

牙线

חוט דנטלי

洗

שטף

手持式喷淋头

מקלחת יד

冲洗器

צינור שטיפה לשירותים

洗脸盆

קערת רחצה

擦背刷

מברשת גב

肥皂

סבון

沐浴露

ג'ל רחצה

洗发水

שמפו

法兰绒

ליפה

排水

ניקוז

乳霜

קרם

除臭剂

דיאודורנט

镜子

מראה

手镜

מראת יד

剃须刀

סכין גילוח

剃须泡沫

קצף גילוח

须后水

אפטרשייב

梳子

מסרק

刷子

מברשת

吹风机

מייבש שיעור

喷发定型剂

ספריי לשיער

化妆品

איפור

唇膏

שפתון

指甲油

לק

化妆棉

צמר גפן

指甲剪

מספריים לציפורניים

香水

בושם

浴室 - חדר אמבטיה

洗漱包

תיק כלי רחצה

凳子

שרפרף

计重秤

משקל

浴袍

חלוק רחצה

橡胶手套

כפפות גומי

卫生棉条

טמפון

卫生巾

תחבושת סניטרית

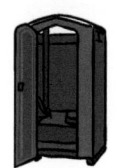

化学厕所

שירותים כימיקליים

# 儿童房
## חדר ילדים

闹钟
שעון מעורר
毛绒玩具
צעצוע חיבוק
玩具车
מכונית צעצוע
拨浪鼓
רעשן
玩具屋
בית בובות
礼物
מתנה

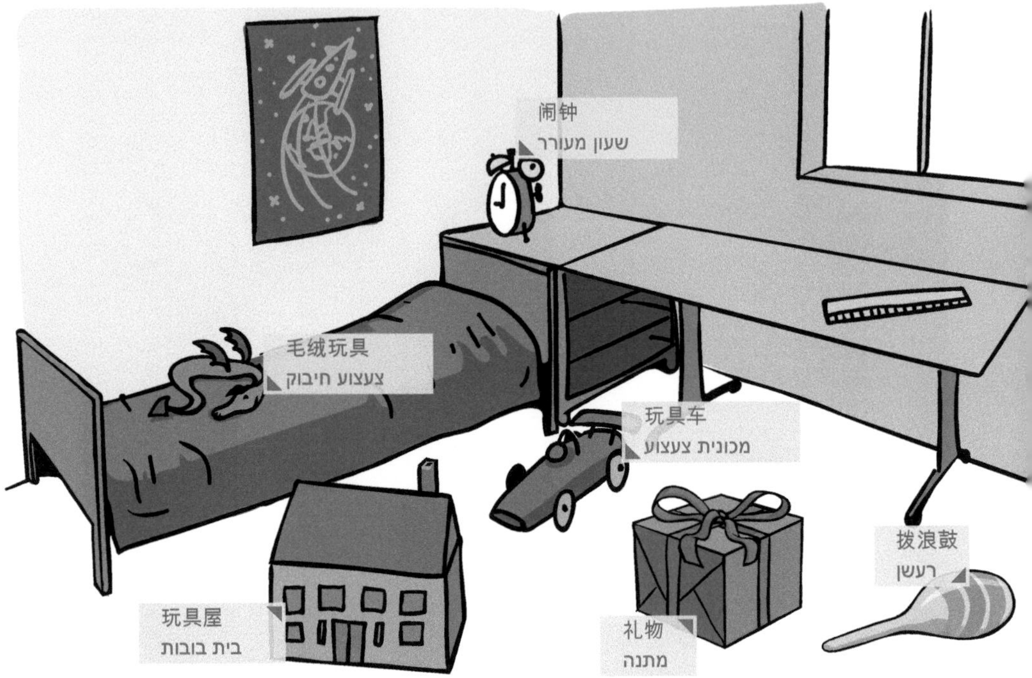

气球

בלון

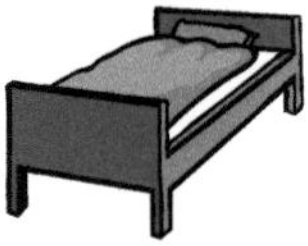

床

מיטה

（洋娃娃用）婴儿车

עגלה

扑克牌

משחק קלפים

拼图

פאזל

漫画

קומיקס

乐高积木

לגו

积木玩具

קוביות משחק

玩具人

דמות משחק

婴儿服

סרבל תינוקות

飞盘

פריזבי

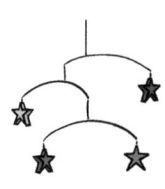

床铃玩具

נייד

棋盘游戏

משחק לוח

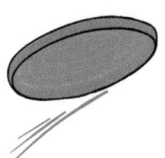

骰子

קוביה

火车模型

רכבת צעצוע

安抚奶嘴

מוצץ

聚会

מסיבה

绘本

אלבום תמונות

球

כדור

洋娃娃

בובה

玩

שיחק

沙坑

ארגז חול

秋千

נדנדה

玩具

צעצועים

游戏机

קונסולת משחקים

三轮车

אופניים תלת גלגלי

泰迪熊

דובון

衣柜

ארון בגדים

# 衣服

## בגדים

袜子

גרביים

长袜

גרביונים

紧身裤

גרביון

围巾
צעיף

雨伞
מטריה

T恤
חולצת טי

皮带
חגורה

运动鞋
נעלי ספורט

靴子
מגפיים

拖鞋
נעלי בית

凉鞋
סנדלים

鞋
נעליים

雨靴
מגפי גומי

内裤
תחתונים

胸罩
חזייה

背心
וסט

身体

גוף

裤子

מכנסיים

牛仔裤

ג'ינס

短裙

חצאית

女式衬衫

חולצה מכופתרת

衬衫

חולצה

套头衫

אפודה

卫衣

סווצ'ר עם קפוצ'ון

西装夹克

בלייזר

夹克

ז'קט

外套

מעיל

雨衣

מעיל גשם

套装

תלבושת

连衣裙

שמלה

婚纱

שמלת כלה

西装

חליפה

睡袍

כותונת לילה

睡衣

פיג'מה

莎丽

סארי

头巾

מטפחת ראש

包头巾

טורבן

波卡

בורקה

卡夫坦

קאפטן

(阿拉伯式)长袍

עבאיה

泳衣

בגד ים

男式泳裤

בגד ים

短裤

מכנסיים קצרים

运动服

בגד אימון

围裙

סינר

手套

כפפות

纽扣

כפתור

眼镜

משקפיים

手链

צמיד יד

项链

שרשרת

戒指

טבעת

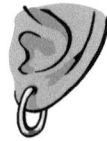

耳环

עגיל

便帽

כובע

衣架

קולב

帽子

כובע

领带

עניבה

拉链

רוכסן

头盔

קסדה

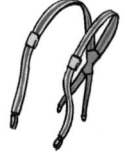

背带

כתפיות

校服

תלבושת בית ספר

制服

מדים

围兜

מפית אוכל

安抚奶嘴

מוצץ

尿不湿

חיתול

# 办公室

## משרד

纸
נייר

文件柜
תיקייה

打印机
מדפסת

服务器
שרת

显示屏
מסך

办公桌
שולחן עבודה

鼠标
עכבר

文件夹
תיק

键盘
מקלדת

废纸篑
סל נייר

电脑
מחשב

椅子
כסא

咖啡杯

ספל קפה

计算器

מחשבון

因特网

אינטרנט

笔记本电脑

מחשב נייד

信件

מכתב

消息

הודעה

手机

נייד

网络

רשת

复印机

מכונת צילום

软件

תוכנה

电话

טלפון

插座

שקע

传真机

פקס

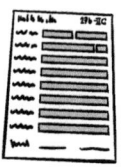

表格

טופס

文件

מסמך

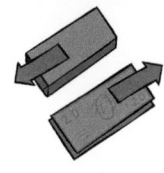

买

קנה

付钱

שילם

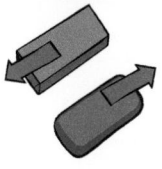

交易

סחר

现金

כסף

美元

דולר

欧元

יורו

日元

ין

卢布

רובל

瑞士法郎

פרנק שווייצרי

人民币

יואן רנמינבי

卢比

רופי

提款处

כספומט

外币兑换处

המרת מטבע

金

זהב

银

כסף

石油

נפט

能源

אנרגיה

价格

מחיר

合同

חוזה

税金

מס

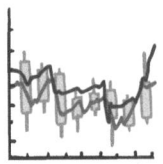

股票

מנייה

工作

עבד

职员

עובד

老板

מעסיק

工厂

מפעל

商店

חנות

警官
שוטר

消防员
כבאי

飞行员
טייס

医生
רופא

厨师
טבח

园丁
גנן

木匠
נגר

裁缝
תופרת

法官
שופט

化学家
כימאי

演员
שחקן

公交车司机

נהג אוטובוס

出租车司机

נהג מונית

渔夫

דייג

清洁女工

עובדת נקיון

屋顶工

מתקן גגות

服务员

מלצר

猎人

צייד

画家

צייר

面包师

אופה

电工

חשמלאי

建筑工人

עובד בניין

工程师

מהנדס

屠夫

קצב

水管工

אינסטלטור

邮递员

דוור

职业 - מקצועות

士兵

חייל

建筑师

אדריכל

收银员

קופאי

花农

מוכר פרחים

理发师

ספר

售票员

כרטיסן

机械师

מכונאי

船长

קברניט

牙医

רופא שיניים

科学家

מדען

拉比

רב

伊玛目

אימאם

和尚

נזיר

牧师

כומר

# 工具
## כלי עבודה

钳子
צבת
铁锤
פטיש
螺丝刀
מברג
扳手
מפתח ברגים
手电筒
פנס

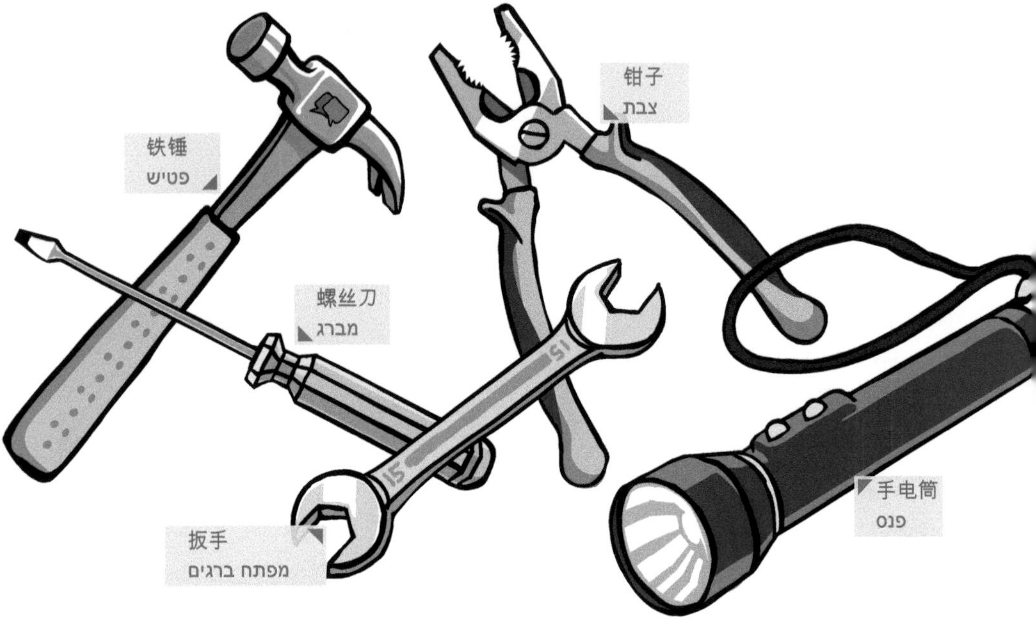

挖掘机
דחפור

工具箱
ארגז כלים

梯子
סולם

锯子
מסור

钉子
מסמרים

钻机
מקדחה

修

תיקון

铲子

את חפירה

靠！

לעזאזל!

簸箕

יעה

油漆桶

פח צבע

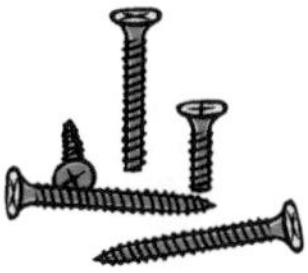

螺丝

ברגים

## 乐器

## כלי נגינה

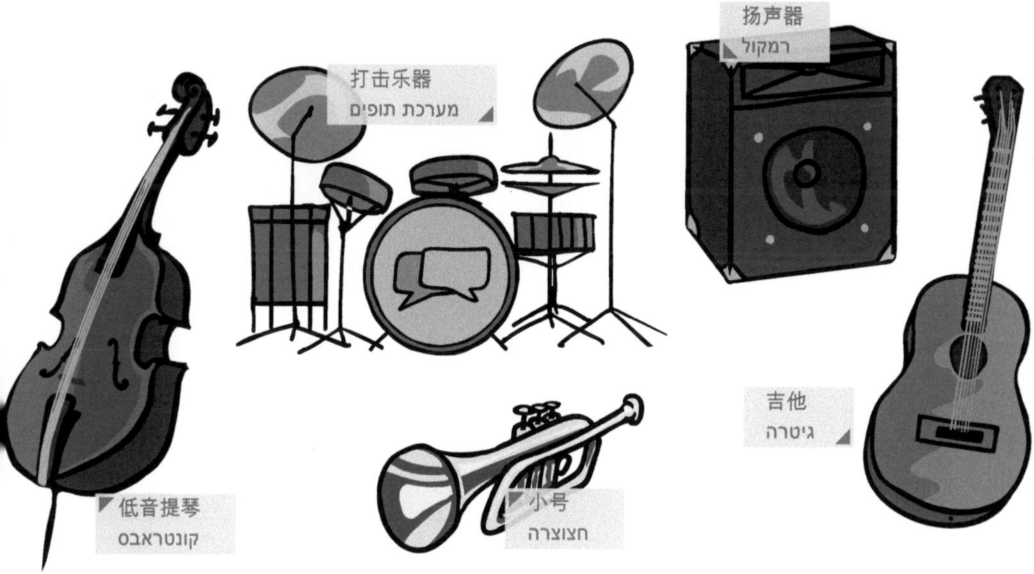

打击乐器
מערכת תופים ◄

扬声器
רמקול ◄

低音提琴
קונטראבס

小号
חצוצרה

吉他
גיטרה ◄

钢琴

פסנתר

小提琴

כינור

贝斯

בס

定音鼓

תוף הדוד

鼓

תופים

电子琴

מקלדת פסנתר

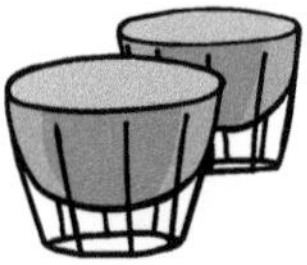

萨克斯管

סקסופון

长笛

חליל

麦克风

מיקרופון

乐器 - כלי נגינה

# 动物园

## גן חיות

入口
כניסה
老虎
נמר
笼子
כלוב
斑马
זברה
动物饲料
מזון לחיות
熊猫
פנדה

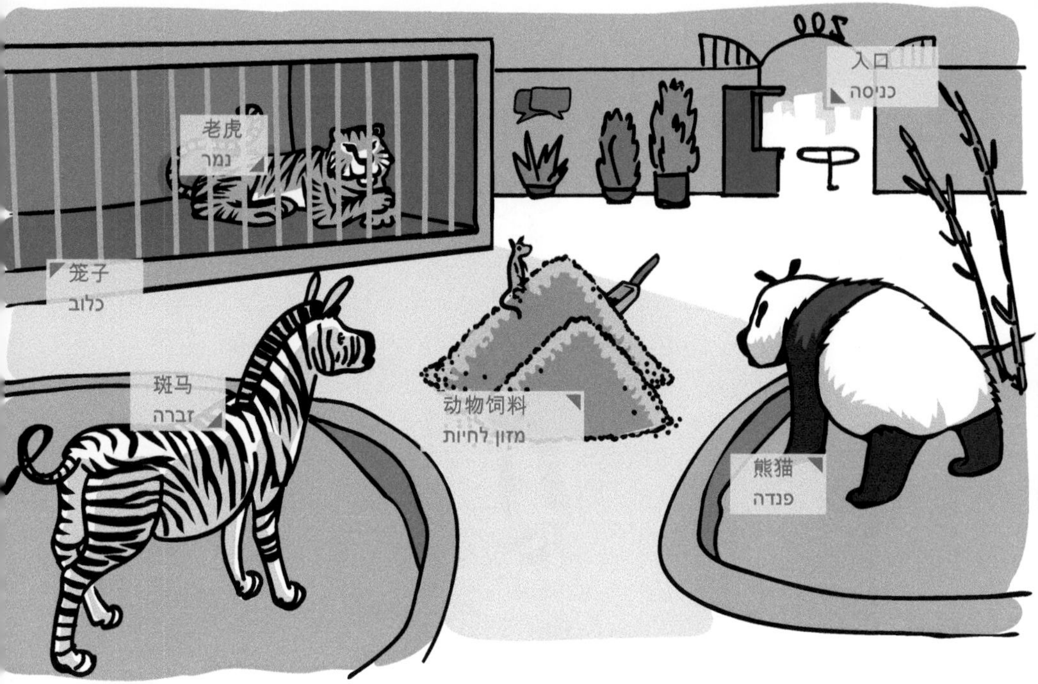

动物

בעלי חיים

大象

פיל

袋鼠

קנגרו

犀牛

קרנף

大猩猩

גורילה

熊

דוב

骆驼

גמל

鸵鸟

יען

狮子

אריה

猴子

קוף

火烈鸟

פלמינגו

鹦鹉

תוכי

北极熊

דוב הקרח

企鹅

פינגווין

鲨鱼

כריש

孔雀

טווס

蛇

נחש

鳄鱼

תנין

动物园管理员

שומר גן החיות

海豹

כלב ים

美洲豹

יגואר

矮种马

סוס פוני

豹

לאופרד

河马

היפופוטאם

长颈鹿

ג'ירפה

老鹰

נשר

野猪

חזיר בר

鱼

דג

龟

צב

海象

סוס ים

狐狸

שועל

羚羊

אײלה

# 体育
## ספורט

橄榄球
פוטבול אמריקאי
骑自行车
רכיבת אופניים
网球
טניס
篮球
כדורסל
游泳
שחיה
冰球
הוקי
拳击
אגרוף

英式足球

כדורגל

羽毛球

בדמינטון

田径

אתלטיקה

手球

כדור-יד

滑雪

עשה סקי

马球

פולו

跳
קפץ
拥抱
חיבק
笑
צחק
走路
הלך
唱
שר
做梦
חלם
祈祷
התפלל
亲吻
נשק

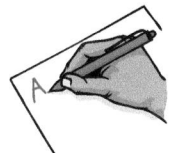

书写

כתב

画

צייר

展示

הראה

推

דחף

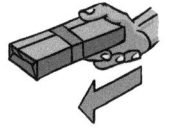

给

נתן

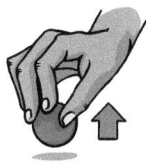

拿

לקח

有

יש / להיות הבעלים

做

עשה

当

היה

站

עמד

跑

רץ

拉

משך

扔

זרק

摔倒

נפל

躺

שכב

等待

חיכה

携带

סחב

坐

ישב

穿衣

התלבש

睡觉

ישן

醒来

התעורר

看

הסתכל ב-

哭

בכה

抚摸

ליטף

梳头

סירק

交谈

דיבר

明白

הבין

问

שאל

听

שמע

喝

שתה

吃

אכל

清理

סידר

爱

אהב

做饭

בישל

开车

נהג

飞

עף

航行

שט

计算

חישב

读

קרא

学习

למד

工作

עבד

结婚

התחתן

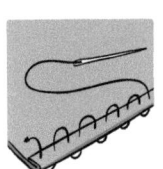

缝

תפר

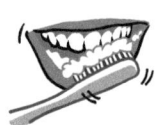

刷牙

ציחצח שיניים

杀

הרג

抽烟

עישן

寄

שלח

# 家

## משפחה

祖母
סבתא
祖父
סבא
父亲
אבא
母亲
אימא
婴童
תינוק
女儿
בת
儿子
בן

客人

אורח

阿姨

דודה

叔叔

דוד

兄弟

אח

姐妹

אחות

# 身体

## גוף

前额
מצח
眼睛
עין
脸
פנים
下巴
סנטר
乳房
חזה
手指
אצבע
手
כף יד
手臂
זרוע
肩膀
כתף
腿
רגל

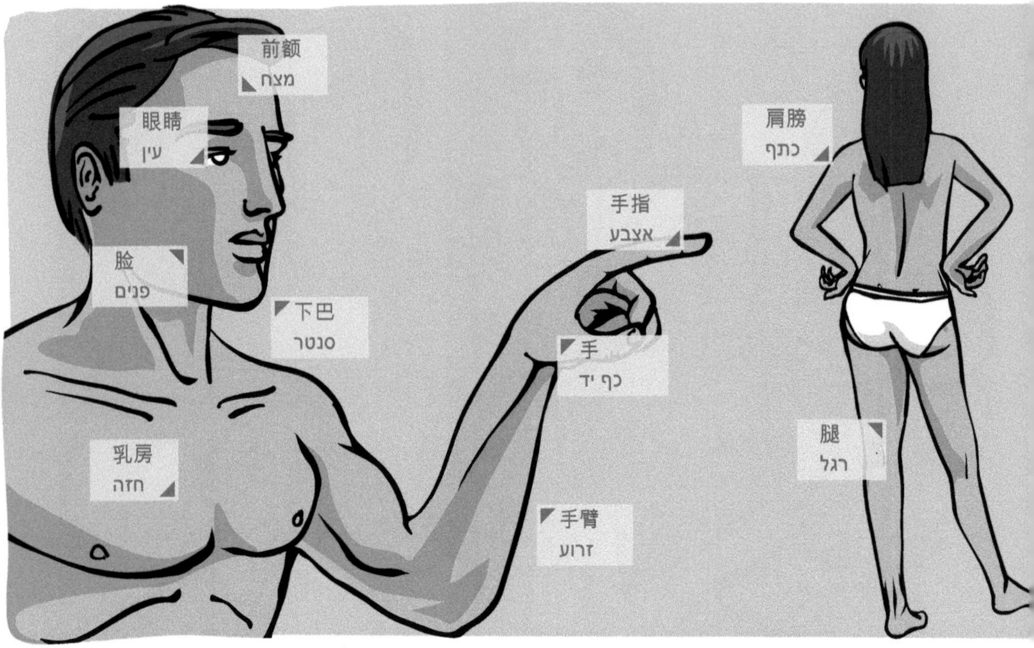

婴童

תינוק

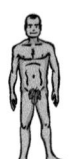

男人

איש

女人

אישה

女孩

ילדה

男孩

ילד

头

ראש

背部

גב

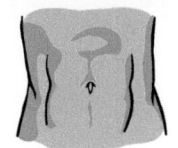

肚子

בטן

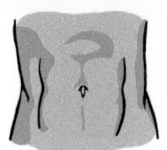

肚脐

טבור

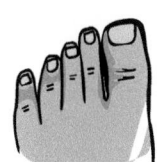

脚趾

אצבע

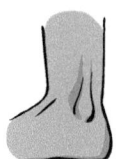

脚后跟

עקב

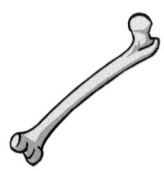

骨头

עצם

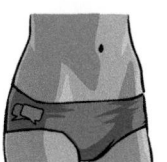

臀部

ירך

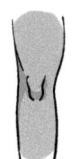

膝盖

ברך

手肘

מרפק

鼻子

אף

屁股

עכוז

皮肤

עור

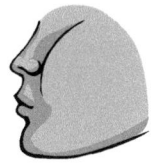

脸颊

לחי

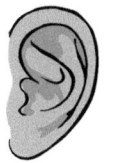

耳朵

אוזן

嘴唇

שפתיים

**身体 - גוף**

嘴
......
פה

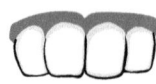

牙齿
......
שן

舌头
......
לשון

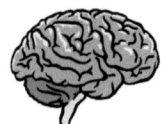

脑
......
מוח

心脏
......
לב

肌肉
......
שריר

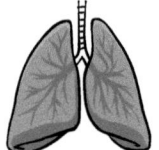

肺
......
ריאה

肝脏
......
כבד

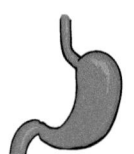

胃
......
קיבה

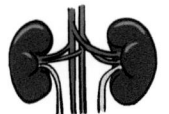

肾脏
......
כליות

性交
......
מין

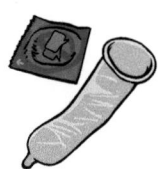

避孕套
......
קונדום

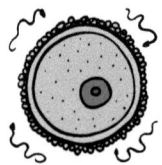

卵子
......
ביצית

精子
......
זרע

怀孕
......
הריון

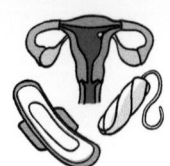

月经
......
ווסת

阴道
......
נרתיק

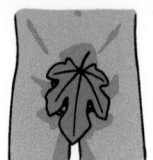

阴茎
......
פין

眉毛
......
גבה

头发
......
שיער

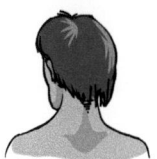

脖子
......
צוואר

# 医院
## בית חולים

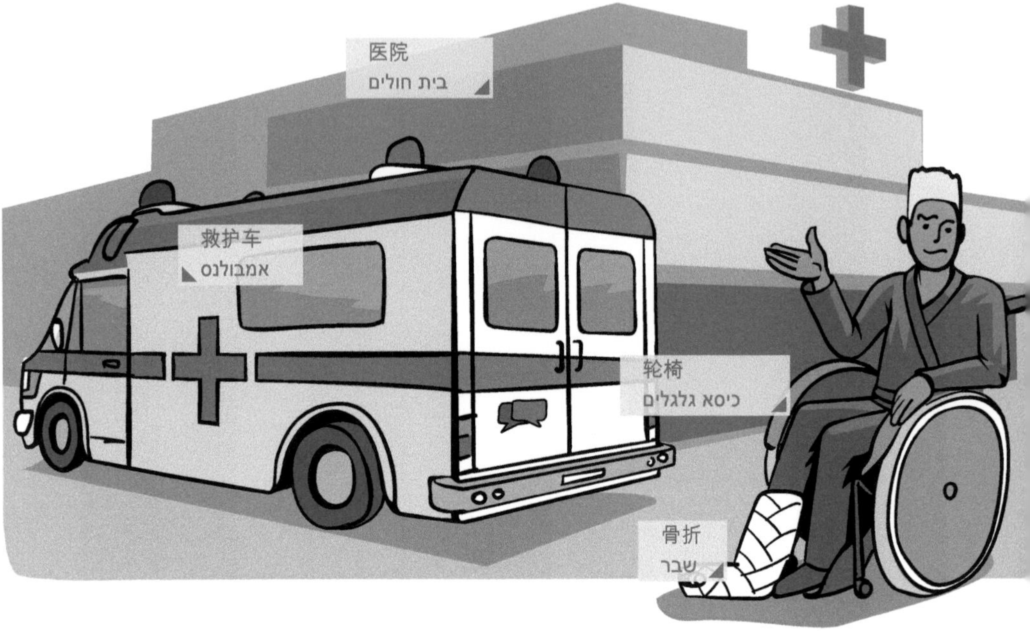

医院
בית חולים
救护车
אמבולנס
轮椅
כיסא גלגלים
骨折
שבר


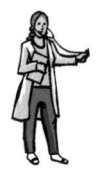

医生
רופא

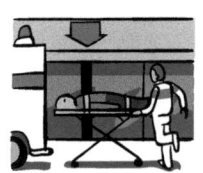

急诊室
חדר מיון

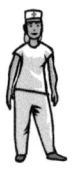

护士
אחות

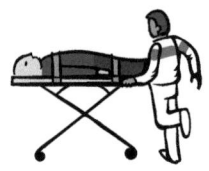

紧急情况
חירום

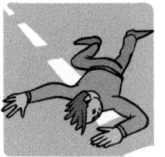

昏迷
חסר הכרה

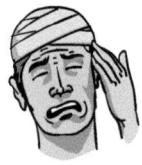

痛
כאב

受伤

פציעה

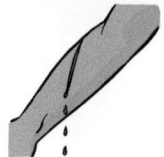

出血

דימום

心脏病发作

התקף לב

中风

שבץ

过敏

אלרגיה

咳嗽

שיעול

发烧

חום

流感

שפעת

腹泻

שלשול

头痛

כאב ראש

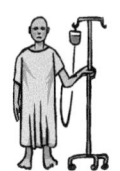

癌症

סרטן

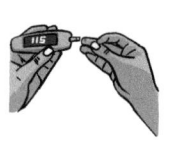

糖尿病

סוכרת

外科医生

מנתח

手术刀

אזמל

手术

ניתוח

CT

סי-טי

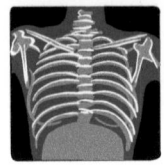

X光

רנטגן

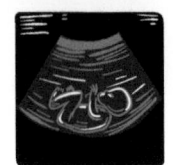

超声波

אולטרסאונד

口罩

מסיכת פנים

疾病

מחלה

候诊室

חדר המתנה

拐杖

קבה

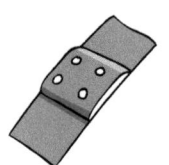

石膏

פלסטר

绷带

תחבושת

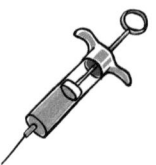

注射

זריקה

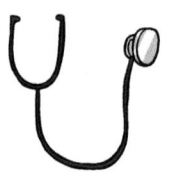

听诊器

סטטוסקופ

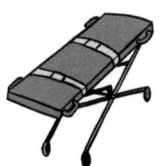

担架

אלונקה

体温计

מד חום

出生

לידה

超重

עודף משקל

助听器

מכשיר שמיעה

消毒液

מחטא

感染

זיהום

病毒

נגיף

艾滋病

איידס

药物

תרופה

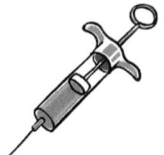

接种疫苗

חיסון

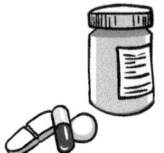

药片

טבליות

药丸

גלולה

急救电话

קריאת חירום

血压计

מד לחץ דם

生病/健康

חולה / בריא

# 紧急情况

## חירום

救命！

!הצילו

警报

אזעקה

突击

פשיטה

攻击

תקיפה

危险

סכנה

紧急出口

יציאת חירום

着火啦！

!אש

灭火器

מטף כיבוי

意外

תאונה

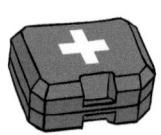

急救箱

ערכת עזרה ראשונה

呼救信号

!הצילו

警察

משטרה

# 地球

## כדור הארץ

南美洲

דרום אמריקה

北美洲

צפון אמריקה

欧洲

אירופה

澳洲

אוסטרליה

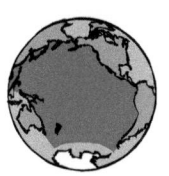

亚洲

אסיה

非洲

אפריקה

印度洋

האוקיינוס ההודי

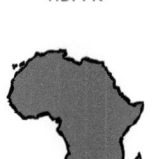

太平洋

האוקיינוס השקט

大西洋

האוקיינוס האטלנטי

北极

הקוטב הצפוני

北冰洋

האוקיינוס הארקטי

南冰洋

האוקיינוס האנטרקטי

南极

הקוטב הדרומי

南极洲

אנטארקטיקה

地球

כדור הארץ

陆地

אדמה

海

ים

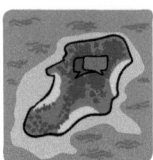

岛

אי

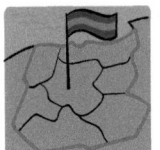

国家

לאום

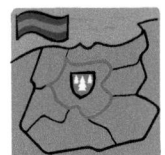

国家

מדינה

# 钟表
# שעון

钟面

פני השעון

时针

מחוג השעות

分针

מחוג הדקות

秒针

מחוג השניות

现在几点？

מה השעה?

天

יום

时间

זמן

现在

עכשיו

电子表

שעון דיגיטלי

分

דקה

时

שעה

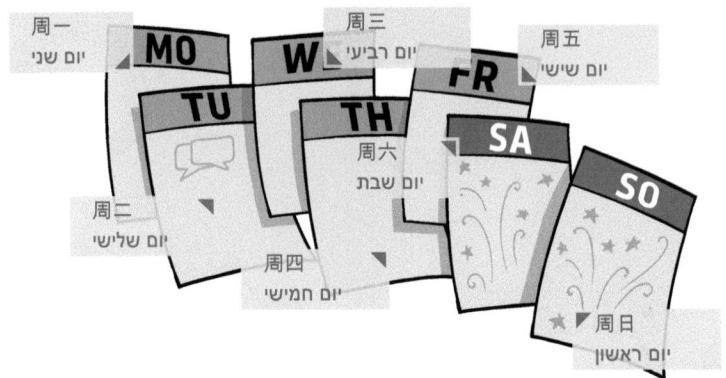

周一 — יום שני
周三 — יום רביעי
周五 — יום שישי
周二 — יום שלישי
周四 — יום חמישי
周六 — יום שבת
周日 — יום ראשון

昨天

אתמול

今天

היום

明天

מחר

早晨

בוקר

中午

צהריים

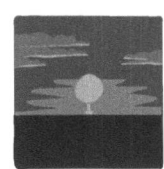

晚上

ערב

| MO | TU | WE | TH | FR | SA | SU |
|----|----|----|----|----|----|----|
| 1 | 2 | 3 | 4 | 5 | 6 | 7 |
| 8 | 9 | 10 | 11 | 12 | 13 | 14 |
| 15 | 16 | 17 | 18 | 19 | 20 | 21 |
| 22 | 23 | 24 | 25 | 26 | 27 | 28 |
| 29 | 30 | 31 | 1 | 2 | 3 | 4 |

工作日

ימי עבודה

| MO | TU | WE | TH | FR | SA | SU |
|----|----|----|----|----|----|----|
| 1 | 2 | 3 | 4 | 5 | 6 | 7 |
| 8 | 9 | 10 | 11 | 12 | 13 | 14 |
| 15 | 16 | 17 | 18 | 19 | 20 | 21 |
| 22 | 23 | 24 | 25 | 26 | 27 | 28 |
| 29 | 30 | 31 | 1 | 2 | 3 | 4 |

周末

סוף שבוע

# 年

## שנה

雨
גשם
彩虹
קשת בענן
雪
שלג
风
רוח
春
אביב
秋
סתיו
夏
קיץ
冬
חורף

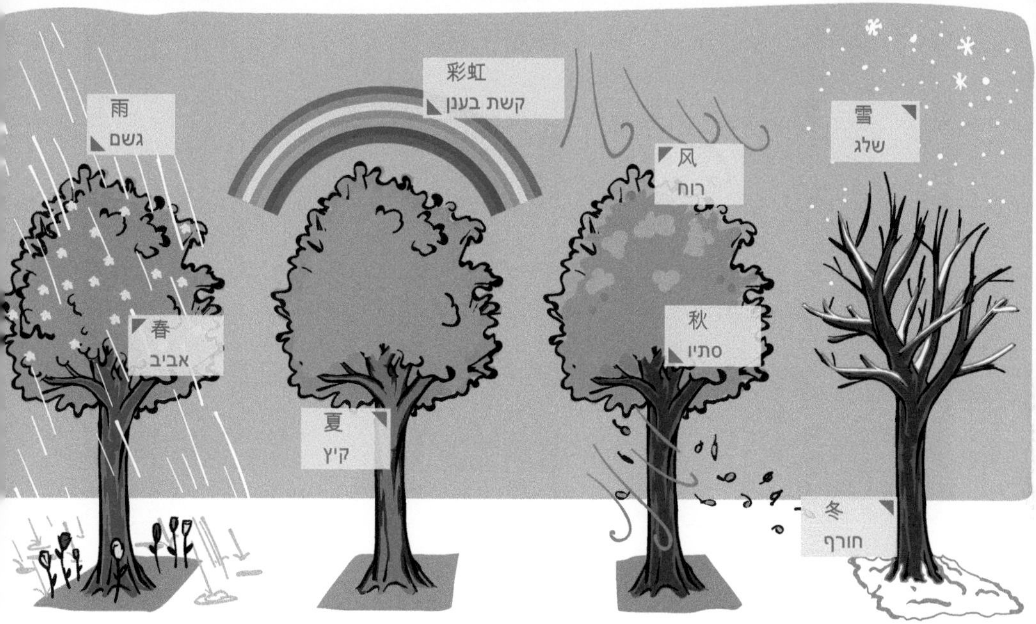

天气预报

תחזית מזג האוויר

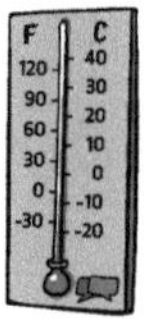

温度计

מד חום

阳光

אור שמש

云

ענן

雾

ערפל

潮湿

לחות

闪电

ברק

打雷

רעם

风暴

סערה

冰雹

ברד

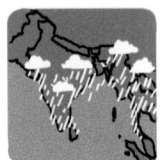

季风

רוח עונתי

洪水

שיטפון

冰

קרח

一月

ינואר

二月

פברואר

三月

מרץ

四月

אפריל

五月

מאי

六月

יוני

七月

יולי

八月

אוגוסט

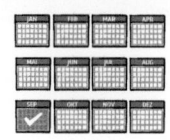

九月

ספטמבר

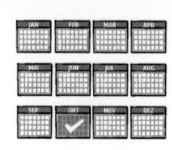

十月

אוקטובר

十一月

נובמבר

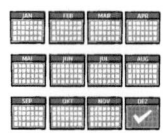

十二月

דצמבר

# 形状

## צורות

圆形

עיגול

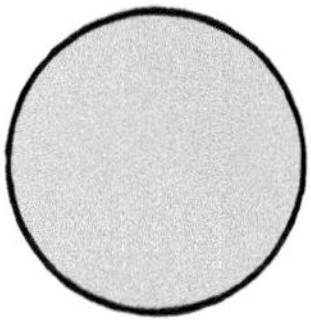

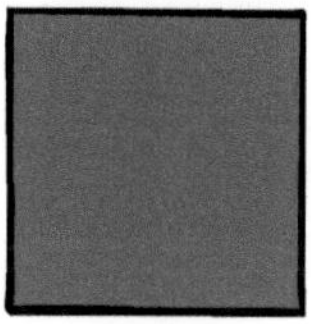

正方形

מרובע

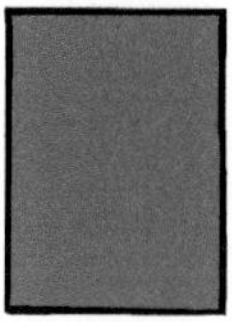

长方形

מלבן

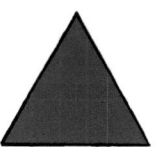

三角形

משולש

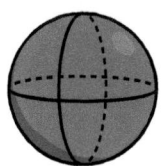

球体

כדור

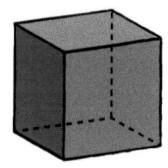

立方体

קובייה

# 颜色

## צבעים

白

לבן

黄

צהוב

橙

כתום

粉

ורוד

红

אדום

紫

סגול

蓝

כחול

绿

ירוק

棕

חום

灰

אפור

黑

שחור

# 反义词

## הפכים

美/丑

יפה / מכוער

生气/平静

כועס / רגוע

很多/少许

הרבה / מעט

明/暗

בהיר / כהה

大/小

גדול / קטן

首/尾

התחלה / סוף

完整/缺失

שלם / חלקי

干净/肮脏

נקי / מלוכלך

兄弟/姐妹

אח / אחות

宽/窄

רחב / צר

死/生

מת / חי

白天/晚上

יום /לילה

可食用/非食用

אכיל / לא אכיל

邪恶/善良

רשע / טוב לב

兴奋/无聊

מתרגש / משועמם

胖/瘦

שמן / רזה

第一/最后

ראשון / אחרון

朋友/敌人

חבר / אויב

满/空

מלא / ריק

硬/软

קשה / רך

重/轻

כבד / קל

饿/渴

רעב / צמא

生病/健康

חולה / בריא

非法/合法

בלתי-חוקי / חוקי

聪明/愚笨

נבון / טיפש

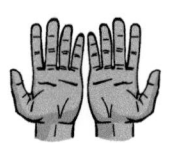

左/右

שמאל / ימין

近/远

קרוב / רחוק

新/旧

חדש / משומש

没有/有些

כלום / משהו

老/幼

זקן / צעיר

开/关

פעיל / כבוי

打开/合上

פתוח / סגור

安静/吵闹

שקט / רועש

富/穷

עשיר / עני

对/错

נכון / שגוי

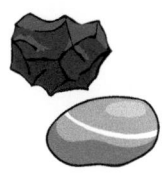

粗糙/光滑

מחוספס / חלק

伤心/高兴

עצוב / שמח

短/长

קצר / ארוך

慢/快

איטי / מהיר

湿/干

רטוב / יבש

温暖/凉爽

חם / קר

战争/和平

מלחמה / שלום

# 数字

## מספרים

| | | |
|---|---|---|
| 0 | 1 | 2 |
| 零 | 一 | 二 |
| אפס | אחת | שתיים |
| 3 | 4 | 5 |
| 三 | 四 | 五 |
| שלוש | ארבע | חמש |
| 6 | 7 | 8 |
| 六 | 七 | 八 |
| שש | שבע | שמונה |
| 9 | 10 | 11 |
| 九 | 十 | 十一 |
| תשע | עשר | אחת-עשרה |

## 12

十二
שתים-עשרה

## 13

十三
שלוש-עשרה

## 14

十四
ארבע-עשרה

## 15

十五
חמש-עשרה

## 16

十六
שש-עשרה

## 17

十七
שבע-עשרה

## 18

十八
שמונה-עשרה

## 19

十九
תשע-עשרה

## 20

二十
עשרים

## 100

百
מאה

## 1.000

千
אלף

## 1.000.000

百万
מיליון

# 语言
## שפות

英语

אנגלית

美式英语

אנגלית אמריקאית

普通话

סינית מנדרינית

印地语

הודית

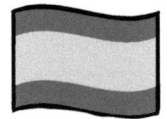

西班牙语

ספרדית

法语

צרפתית

阿拉伯语

ערבית

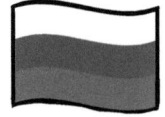

俄语

רוסית

葡萄牙语

פורטוגזית

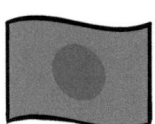

孟加拉语

בנגלית

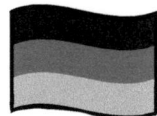

德语

גרמנית

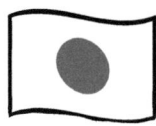

日语

יפנית

# 谁/什么/怎样

## מי / מה / איך

我

אני

你

אתה / את

他/她/它

הוא / היא / זה

我们

אנחנו

你们

אתם

他们

הם

谁？

?מי

什么？

?מה

怎样？

?איך

哪里？

?איפה

什么时候？

?מתי

名字

שם

# 方位

## איפה

前面

לפני

里面

בתוך

后面

מאחור

下面

מתחת

上面

על

上方

מעל

地点

מקום

中间

בין

旁边

ליד